UNE VISITE

CHEZ

LE ROI LOUIS-PHILIPPE

PAR

CHARLES LE VAVASSEUR

ROUEN

IMPRIMERIE DE ESPÉRANCE CAGNIARD

rue Jeanne-Darc, 88

—

1888

UNE VISITE

CHEZ

LE ROI LOUIS-PHILIPPE

UNE VISITE

CHEZ

LE ROI LOUIS-PHILIPPE

PAR

CHARLES LE VAVASSEUR

ROUEN
IMPRIMERIE DE ESPÉRANCE CAGNIARD
rue Jeanne-Darc, 88

—

1888

A MONSEIGNEUR LE COMTE DE PARIS

Monseigneur,

ON âge me défend, à mon grand regret, d'aller vous donner, sur une terre étrangère, le témoignage de mon dévouement dans le présent et de mes vœux pour l'avenir.

Privé d'une satisfaction qui me serait chère, je me suis hasardé à écrire le récit d'une visite que j'eus l'honneur de faire, il y a plus de quarante ans, à votre auguste grand-père, le Roi Louis-Philippe, dans un temps où chaque jour de sa vie était pour lui un jour de péril et de sécurité pour la France.

Permettez-moi, Monseigneur, de vous dédier ce récit, sans avoir sollicité votre agrément.

J'ose espérer que vous n'y verrez que le désir de rendre hommage à la mémoire et à la noble affabilité de votre illustre aïeul.

Les quelques pages que je prends la liberté de vous dédier ont été écrites dans la vallée de l'Andelle, où, pendant les manœuvres de 1879, vous, Monseigneur, et Monsieur le duc de Chartres avez laissé des souvenirs qui ne sont pas effacés.

J'ai l'honneur d'être, Monseigneur,

de Votre Altesse Royale,

Le très humble et dévoué serviteur.

CHARLES LE VAVASSEUR,

ANCIEN DÉPUTÉ.

UNE VISITE

CHEZ LE ROI LOUIS-PHILIPPE

Le roi Louis-Philippe était un des causeurs les plus aimables de son temps. Élève de Mme de Genlis, qui savait encore mieux parler qu'écrire, appelé par sa naissance à fréquenter, dès sa première jeunesse, un monde d'élite où brillait l'esprit des philosophes et des grands seigneurs; — devenu, lorsqu'il entra dans l'armée, le frère d'armes d'une noblesse qui revenait de la guerre d'Amérique et aimait à faire le récit de sa glorieuse campagne; bientôt associé aux succès de Dumouriez, puis obligé de s'exiler, en butte dans son exil aux récriminations de tous les partis;

errant à l'étranger, où il n'avait pour vivre que son intelligence et sa rare instruction ; — comment Louis-Philippe, après tant de fortunes diverses, doué d'un esprit fin, d'une mémoire prodigieuse, d'une élocution facile, n'aurait-il pas été un causeur plein d'intérêt ?

On rapporte que le Conseil des Ministres étant assemblé pour une affaire de peu d'importance, mais urgente, un incident amena le Roi à prendre la parole, et que, charmés par ce qu'il disait, les Ministres gardèrent le silence jusqu'à ce que la pendule sonnât une heure qui obligea Roi et Ministres à lever la séance, sans qu'un mot eût été dit de la question à l'ordre du jour. L'on comptait, cependant, parmi ces Ministres, le feu duc de Broglie et MM. Thiers et Guizot, tous hommes qui savaient assez bien parler, et n'étaient assurément ni flatteurs, ni courtisans.

Il faut croire, si la légende est vraie, qu'ils étaient restés sous le charme de quelque souvenir intéressant et d'une parole aimable.

Peu porté à flatter la puissance du jour, qu'elle

soit assise sur le trône ou qu'elle se proclame l'amie du peuple, élevé dans un temps où régnait parmi la jeunesse l'esprit d'opposition, nous n'avons que trop rarement approché de la personne de Louis-Philippe, quoique l'accès auprès du Roi fût toujours facile et gracieux. C'est aujourd'hui l'un de nos vifs regrets.

Si nous avions eu plus de souplesse dans le caractère, plus de courtoisie vis-à-vis du pouvoir alors régnant, nous aurions des souvenirs qui nous font défaut et seraient d'autant plus précieux pour nous, qu'une grande infortune nous les rendrait plus chers.

Nous ne voulons faire ici ni de la politique, ni de l'histoire, mais simplement conter une anecdote que nous tenons du Roi lui-même, et qui, sous notre plume, perdra de sa grâce et de son à-propos.

Quand le héros de la petite aventure la racontait, avec l'entrain et la fraîcheur que laissent les souvenirs de la jeunesse, il savait lui donner un charme et une couleur que nous ne saurions reproduire.

Le dernier des attentats qu'avait eu à subir Louis-Philippe avait été commis par un nommé *Le Conte*.

Ce garde forestier, qui n'avait aucun grief avouable contre le Roi, avait dû céder soit au besoin de faire parler de lui, qu'éprouvent trop de criminels, soit aux excitations de la presse qui, à cette époque, visait chaque jour la personne du Roi.

Après cet attentat, tous les hauts fonctionnaires se présentèrent chez le Roi, protestant, comme d'usage, de leur dévoûment. Les grands corps de l'Etat, les pairs et députés envoyèrent une députation ; mais, en outre, plusieurs d'entre eux trouvèrent qu'il était de bon goût d'aller de leur personne aux Tuileries, et, au moins, d'y inscrire leurs noms, pour témoigner de leurs sentiments.

Desjobert (1) et moi, nous nous entendîmes pour faire ensemble notre visite le soir à une

(1) Ancien député de la Seine-Inférieure et mon ami intime.

heure un peu avancée, croyant bien qu'à cette heure nous ne serions pas reçus, que nos noms seraient inscrits et qu'ainsi la politesse serait faite, sans phrases ni embarras.

Point du tout : un aide-de-camp, notre collègue à la Chambre, qui était de service au château, nous serre la main dès notre arrivée, et, sans plus de cérémonie, nous fait annoncer.

Nous entrons chez le Roi, dans un petit salon où travaillaient à l'aiguille, à la lueur d'une lampe, la reine Amélie et Madame Adélaïde, la sœur du Roi, confidente de ses plus secrètes pensées. Le Roi se tenait debout, tournant le dos à la cheminée. Desjobert et moi, étourdis par la promptitude d'une réception sur laquelle nous ne comptions guère, étions assez mal à l'aise. Nous sentions, sans avoir eu le temps de nous dire un mot, que nous n'avions pas agi en gens de bonne compagnie, en arrivant à une heure où le Roi et la Reine, dans leur intimité, avaient sans doute besoin de repos, fatigués qu'ils devaient être par les témoignages de sympathie qu'on leur prodiguait depuis l'attentat.

Tout d'abord, nous nous inclinons respectueusement devant la Reine et la sœur du Roi qui paraissent un peu surprises de notre présence à pareille heure ; et malgré leur sourire, qui semblait nous inviter à parler, nous ne trouvons pas un mot à dire.

Le Roi devine notre embarras et se tourne légèrement de notre côté.

Alors, Desjobert veut faire son compliment, mais il s'embrouille un peu.

Heureusement, le Roi, avec un air de grande bonté, rompt la glace, et s'adressant à M. Desjobert, lui dit :

— « Je m'estime heureux, Monsieur le Député, d'avoir l'occasion de m'entendre avec vous. Soyez le bienvenu ; j'espère que c'est en signe de paix, car vous faites depuis longtemps une rude guerre à l'Algérie, qu'il est de mon devoir de défendre comme Roi, et où mes fils bien-aimés se battent en vrais soldats. Ne pourrions-nous pas, mon cher Député, conclure la paix, ou au moins consentir à une trêve ? »

— « Oui, Sire, répond Desjobert, qui avait repris son aplomb et se sentait fort sur un terrain qu'il connaissait à fond, mais à une condition. C'est que la France ne fera pas désormais une moisson de nos jeunes paysans, dont nous avons tant besoin à la campagne, et qu'elle ne les enverra pas mourir de la fièvre ou se faire tuer sur cette terre d'Afrique qui ne nous rapportera jamais rien. »

La réponse était brusque, portait un coup droit au cœur du Roi, mais Louis-Philippe, toujours avec une affabilité qui ne se dément pas, reprend avec un ton de douceur persuasive :

— « Quand donc, vaillant laboureur que vous êtes, avez-vous jamais vu qu'on pût récolter sur une terre sans la défricher et l'arroser de ses sueurs ? Croyons, avec le bon Lafontaine, qu'à force de creuser cette terre d'Afrique, aujourd'hui ingrate, nous y trouverons plus tard un trésor qui nous récompensera de nos peines. Encore une fois, je vous demande la paix, accordez-moi-la. »

Desjobert avait sur les lèvres une réplique, paraissait un peu animé, prêt sans doute à dire qu'en attendant le trésor, cette terre d'Afrique nous ruinait ; mais le Roi, qui avait un tact exquis et devait avoir le dernier mot, se tourne vivement de mon côté :

— « Et vous, Monsieur le Député de Dieppe, vous, mon proche voisin d'Eu, Dieu vous a-t-il conservé M. votre père, que j'ai eu la bonne chance de connaître un peu ? »

— « Sire, j'ai eu le malheur de le perdre, et je le regrette profondément. »

— « Moi, je n'ai eu qu'à m'en louer, et j'aime à vous le dire.

» Vous ne pouvez ignorer que M. votre père possédait un bois qui me fermait le passage au milieu de la forêt d'Eu, le bois de Montauban, d'environ cent hectares, si ma mémoire n'est pas infidèle. Ce bois me déplaisait, car, pour l'éviter, il fallait sortir de la forêt, faire un certain détour, tomber dans des chemins alors assez mauvais, et pour l'exploitation, la promenade, les chasses au besoin, quoique je ne sois pas chasseur, ce bois était fort gênant. Mes gardes disaient, d'ailleurs, qu'il était le rendez-vous des braconniers.

» Je m'adresse à M. de Marisy, un vrai gentilhomme d'autrefois par le bon langage et les bonnes manières, dévoué de tout cœur aux intérêts de ma maison, et très entendu en affaires. Il était chargé de surveiller le bornage de la forêt, et, quand il y avait lieu, savait transiger à propos.

» Comment pourrais-je avoir ce bois de Montauban, lui dis-je un jour? »

— « En l'achetant, Sire, et l'occasion est bonne pour entrer en négociations.

» Le propriétaire du bois n'a aucun besoin de vendre, tant s'en faut, mais il habite Rouen, est fort occupé de grandes affaires, et, pressentant les intentions de Votre Majesté, j'ai dit à son garde que j'allais planter des bornes, là où notre droit était contesté.

» Il y a plus : j'ai ajouté que nous avions un

droit de passage à travers le bois, mais en mon âme et conscience nous ne l'avons pas.

» J'ai su par le garde que le propriétaire était irrité et disait bien haut qu'il en appellerait à vous-même, Sire, lorsque vous viendriez à Eu.

» Il ne vient ici que très rarement, et je sais que ce voyage lui déplaît.

» Si Votre Majesté m'autorisait à aller à Rouen, à parler du bornage comme on doit en parler, puis à offrir du bois le prix qu'il vaut, il me semble que je pourrais réussir.

» Je n'hésiterais pas, d'ailleurs, à dire que je viens de la part du Roi, qu'il ne veut à aucun prix de procès, et je crois qu'en agissant ainsi, je serais bien accueilli et que l'affaire se ferait.

— « J'autorisai vite M. de Marisy ; il alla à Rouen, l'affaire se fit assez facilement, et M. votre père chargea expressément M. de Marisy de me dire qu'il savait très bien que ce bois était une convenance pour le Roi, mais que c'était une raison de plus pour qu'il ne la fît pas payer.

» Je fus sensible à ce bon procédé, et vous

voyez, Monsieur le Député, que je ne l'ai pas oublié.

» M. de Marisy fut chargé de remercier M. votre père, et aujourd'hui il m'est agréable, en me rappelant ce qu'il a fait, de remercier moi-même son fils. »

Très ému, je ne savais que répondre, j'étais confondu par d'aussi gracieuses paroles. Cependant, reprenant courage, je me mis à dire d'une voix que l'émotion rendait tremblante :

— « Comment se fait-il, Sire, vous qui daignez me parler avec une si touchante bonté, que votre gouvernement m'ait fait une guerre acharnée, lors des dernières élections à Dieppe ? Je n'aurais pas rencontré une plus grande résistance, quand j'aurais été un ennemi juré de votre gouvernement, mais je crains qu'il ne veuille que des fonctionnaires, et j'avais le malheur d'en avoir un pour concurrent, d'ailleurs homme de talent et de parole. »

J'avais encore deux mots à dire, lorsque le Roi, légèrement impatient, m'arrête tout court et me dit :

— « Parlons plutôt des voyages au long-cours que vous avez dû faire comme fils d'armateur et armateur vous-même. Voyager, c'est le meilleur moyen de s'instruire ; quand vous m'aurez parlé de vos voyages, je vous conterai les miens. »

N'ayant rien d'intéressant à dire sur ce sujet, car je dois avouer, à ma honte, que je n'ai guère voyagé ; je me tirai d'affaire en disant que les souvenirs du Roi avaient fait sur moi trop d'impression pour que j'eusse l'esprit libre et que je le priais très humblement de nous dire quelques mots de ses voyages, mots dont M. Desjobert et moi nous ne perdrions jamais la mémoire.

Le Roi, qui lisait sur nos visages le plaisir que nous avions à l'entendre, et qui, lui-même d'ailleurs, aimait assez à causer, ne se fit pas prier, et, avant que j'eusse fini, entra en matière.

— « Que vous êtes heureux, Messieurs, de vivre dans un temps où la paix règne au dehors, où, à l'intérieur, il n'y a de péril que pour moi, mais j'y fus habitué dès ma jeunesse.

» Obligé de m'expatrier pour sauver ma tête,

vu d'un mauvais œil par les émigrés et les cours étrangères, je cherchai un refuge en Suisse ; mais les armées françaises s'approchaient et je me décidai à partir pour l'Amérique. Là ne régnait plus déjà l'enthousiasme pour la France. On semblait avoir oublié Lafayette, alors enfermé par l'Autriche dans les prisons d'Olmütz ; on ne parlait que des tristes choses qui se passaient dans notre pays, et les récits qu'on entendait faisaient naître l'ingratitude dans les cœurs. Mes moyens d'existence étaient plus que précaires, et je faisais triste figure dans le pays des dollars.

» Cependant, je parvins à me lier avec quelques anciens officiers de la guerre de l'Indépendance, et ils m'offrirent de les accompagner dans une visite qu'ils allaient faire à une assez puissante tribu de sauvages.

» Ils étaient autorisés par le gouvernement des États-Unis à négocier un traité de paix avec elle et à lui demander une cession de territoire.

» Un émissaire indien, parlant l'anglais, avait

été dépêché vers la tribu et en avait rapporté de bonnes nouvelles.

» Un cheval m'est prêté par les officiers américains, et nous voilà en route, munis de provisions, d'armes et des cadeaux d'usage en pareille circonstance. En outre, nous prenons pour compagnons deux chiens d'une taille et d'une force énormes, habitués à sentir le nègre et le sauvage, à ne pas lui faire quartier s'il résiste.

» Je vous fais grâce des forêts sans fin, des prairies immenses que nous traversons avant d'arriver à la tribu. Enfin nous y touchons, précédés par notre émissaire.

» La tribu nous attend, la réception est solennelle et cordiale.

» Après la remise des cadeaux, des spiritueux nous sont offerts comme un témoignage d'amitié. Deux jours se passent en négociations avec les chefs, et la promesse d'un traité, tel que nous pouvions le désirer, nous est faite.

» Pendant ces deux jours nous couchons sur les plus belles nattes de la tribu, les Indiens prennent soin de nos chevaux attachés dans la prairie, et les chiens, enfermés dans une cave, reçoivent une suffisante nourriture. Enfin, nous partons avec les plus belles assurances de paix, d'amitié, de cession de territoire et d'un éternel attachement.

» Pour garantie de cet attachement, deux otages nous sont donnés.

» Nous n'étions encore qu'à quelques milles de la tribu, lorsque nous la voyons toute entière se dresser devant nous, armée, et nous faisant signe de rétrograder. Les otages restés libres prennent la fuite.

» Que faire ? nous ne sommes pas en force. Il faut céder et revenir sur nos pas. Il sera toujours temps d'engager la lutte, si elle est possible.

» En revenant au campement, non sans crainte de quelqu'issue fatale, nous trouvons le grand chef revêtu de son plus magnifique costume et trônant à sa manière dans sa case.

» Tout aussitôt, s'adressant à notre émissaire

indien, et nous jetant un regard de mépris, il lui dit :

— « Ces étrangers de mauvaise foi m'apportent des cadeaux, me parlent de fidélité, me jurent que nous serons à jamais amis, et ils oublient, ils laissent à ma discrétion leurs vrais amis, les chiens fidèles qui se feraient tuer pour eux s'ils n'étaient mes prisonniers.

— » Entendez-vous leurs aboiements ? »

» Les chiens, bientôt détachés, sautent sur nous avec les démonstrations d'une joie bruyante et nous donnent un nouveau témoignage de notre ingratitude.

» Ainsi, nous civilisés, nous eûmes l'humiliation de recevoir des sauvages une sévère leçon que les officiers américains furent obligés, à leur grande confusion, de relater à leur gouvernement, qui, depuis, a cruellement pris sa revanche. »

Au début du récit, la Reine et Madame Adélaïde, après un léger signe de tête, avaient eu soin de se dérober, connaissant sans doute de longue date cette petite histoire. Nous-mêmes, après avoir vivement remercié le Roi, et nous être de nouveau inclinés devant lui, nous nous retirâmes, nous promettant, si jamais pareille visite avait lieu, de la faire un peu plus tôt; d'ailleurs, si nous rentrions un peu tard, nous rentrions charmés de l'aimable causerie du Roi.

www.ingramcontent.com/pod-product-compliance
Ingram Content Group UK Ltd.
Pitfield, Milton Keynes, MK11 3LW, UK
UKHW020550230726
13925UKWH00006B/2500

9 782014 036701